Luis Murschetz · Wir sitzen alle im gleichen Boot

Meinem Bruder Karl
gewidmet

Luis Murschetz

Wir sitzen alle im gleichen Boot

Mit einem Nachwort von
Herbert Rosendorfer

Diogenes

Alle Rechte vorbehalten
Copyright © 1981 by
Diogenes Verlag AG Zürich
40/81/10/1
ISBN 3 257 00306 4

Höhenkoller 7

Kein Land in Sicht 21

Kulissengeist 33

Gesund leben 45

Tierhaltung anderswo 53

Mehr Querverkehr 65

Begegnungen der dritten Art 83

Dem Lorbeer hinterdrein 89

Fremdes Brauchtum 99

Höhenkoller

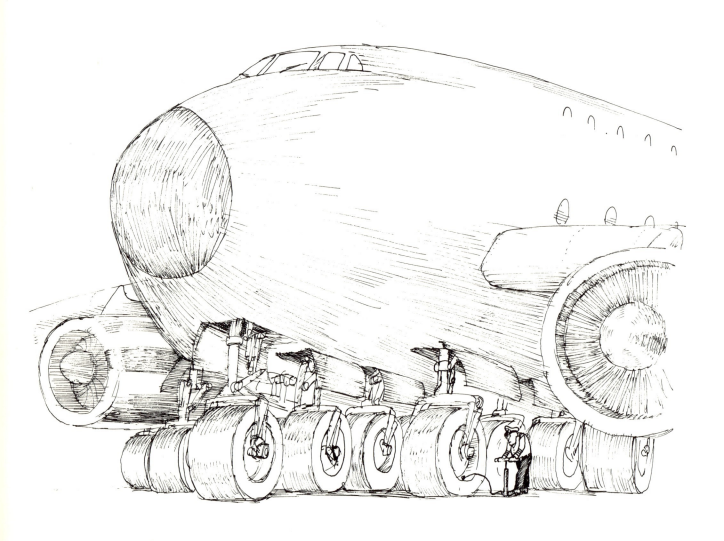

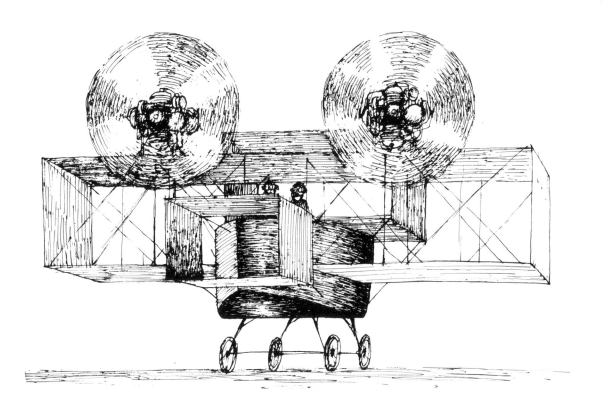

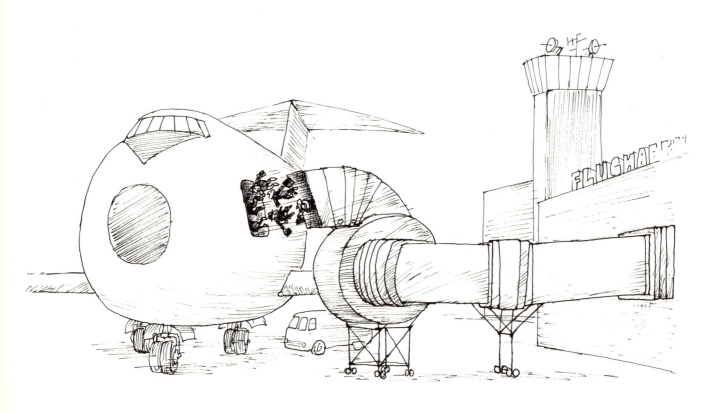

Kein Land in Sicht

Kulissengeist

Gesund leben

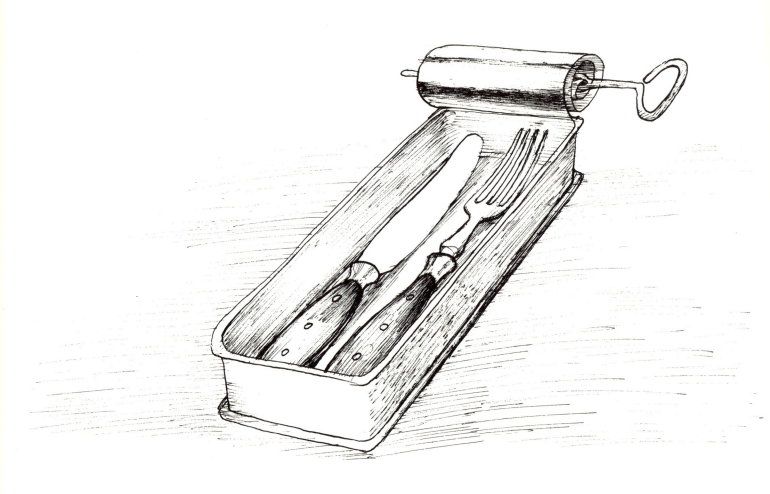

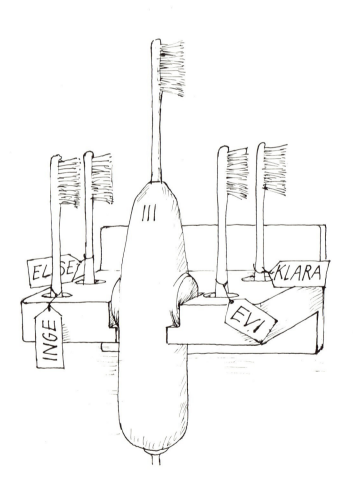

Tierhaltung anderswo

Mehr Querverkehr

Begegnungen der dritten Art

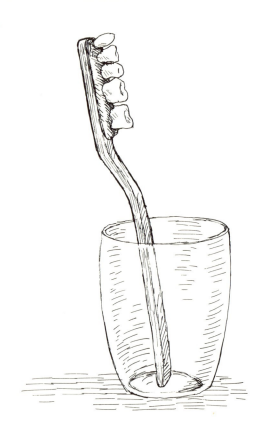

Dem Lorbeer hinterdrein

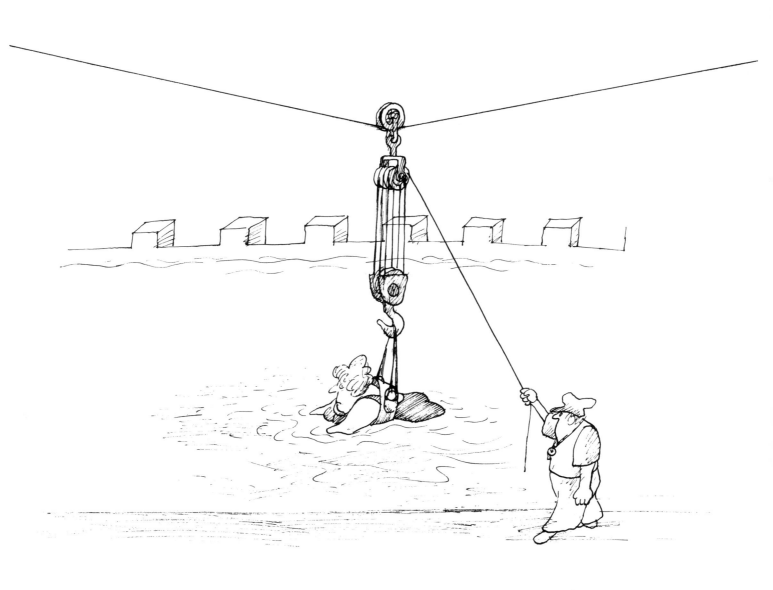

Fremdes Brauchtum

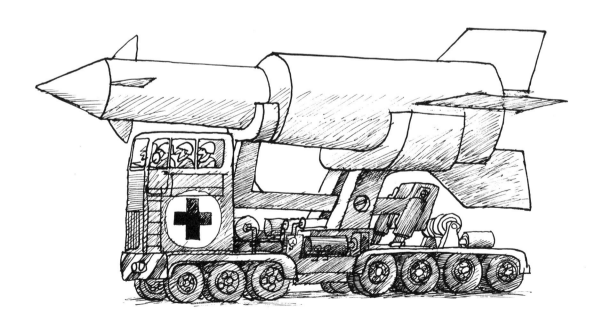

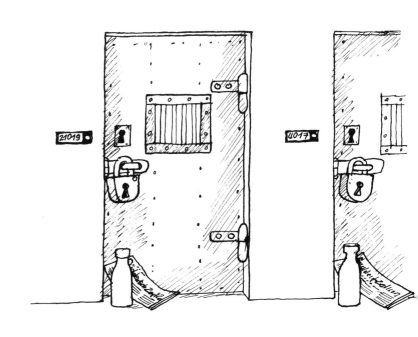

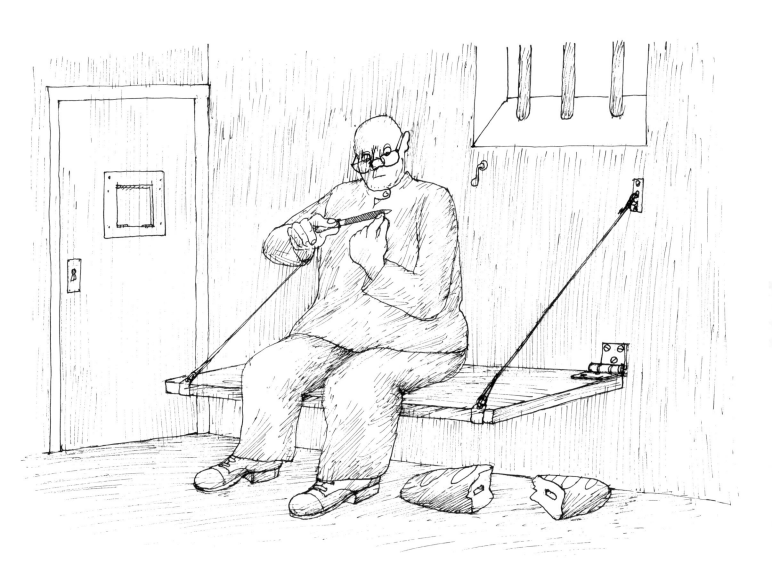

Herbert Rosendorfer
Luis Murschetz
*Anstatt
einer Biographie*

Was sind die Daten des äußeren Lebens? »Ich lebe«, sagt Murschetz, »das muß der Welt genügen.« Viel wichtiger als die sozusagen weltliche Biographie sind jene Stationen auf der Pilgerfahrt der Seele, die, wenn das Glück lacht, zur Vollendung führen.

Wenige wissen, daß die Bedeutung Murschetz' weniger in seiner Arbeit als Zeichner liegt, vielmehr in seiner Fähigkeit, edle Menschen um sich zu sammeln und ihnen in feierlichen und doch gelockerten Gesprächen die zum Teil sehr tiefen Erkenntnisse zu vermitteln, zu denen Murschetz' Geist trotz seiner Jugend bereits gelangt ist. Jüngst ist der dritte Band der auf vier Bände berechneten Ausgabe der *Gespräche mit Murschetz* (herausgegeben von H. R.) im Diogenes Verlag, Zürich, erschienen. Ein Registerband, ein Bildband und ein Band mit Stammtafeln sind geplant. Hier einige Auszüge aus dem dritten Band:

»Da kann mir niemand was vormachen. Die Welt ist hohl. Wir leben an der Innenwand einer gigantischen Kugel, deren Mitte von Sonne, Mond, Sternen und dem geheimnisvollen Dickstoff ausgefüllt ist, dessentwegen wir nicht auf die andere Seite sehen können. Es gibt einen unumstößlichen Beweis für die Hohlwelttheorie: sehen Sie sich doch die Schuhe an. Wenn man länger damit gegangen ist, biegen sich die Spitzen nach oben. Lebten wir auf der Außenwand der Weltkugel, müßten sich die Schuhspitzen nach unten biegen. Leuchtet Ihnen das ein?« »Und was ist außerhalb der Kugel?« »Das Entsetzen, das Nichts. Das Inferno. Seien Sie vorsichtig! Wir wissen nicht, wie dünn die Kugelschale ist. Schon mancher, der in der Erde gebohrt hat, ist verschwunden. Halten Sie sich niemals in der Nähe von Dampframmen auf. Treten Sie nicht zu fest auf. An einer dünnen Stelle kann die Erde brechen, und Sie schnellen hinaus in das unheimlich tiefe, kalte Grauen, das da draußen regiert.«

»Der Protestantismus ist nicht das Schlimmste an den Norddeutschen. Ich war oft in Norddeutschland, sogar in Lappland. In der heutigen Zeit steht es uns nicht mehr zu, Luther zu verteufeln.«

»Was ist dann das Schlimmste an den Norddeutschen, Meister?«

»Die Hammerzehe. Sie tritt namentlich bei norddeutschen Frauen auf. Alle Zehen sind gleich lang, werden überragt nur von der übergroßen Großen Zehe. Die kleineren Zehen sind bleich-walzenförmig und haben vorn einen hammerförmigen Knick nach unten. Die Hammerzehe wütet in Norddeutschland mindestens seit dem 17. Jahrhundert, denn der preußische König Friedrich Wilhelm I. wurde durch den Anblick einer solchen Hammerzehe zur Erfindung des militärischen Reih-und-Glied angeregt.«

Im Frühjahr 1981. Luis Murschetz schaut in die Partitur von Beethovens letztem Streichquartett in F-Dur, liest: »Komponiert im Oct. 1826«. Murschetz schüttelt nachdenklich den Kopf: »Wie die Zeit vergeht!«

Daß Murschetz ein Buch über das *Ungeheuer von Loch Ness* herausgibt, ist kein Zufall. Seit Jahrzehnten sammelt Murschetz alle Zeitungsartikel über das Ungeheuer und klebt sie in große Ordner ein. Um der lästigen Arbeit überhoben zu sein, den Klebstoff aufzustreichen, läßt sich Murschetz die Zeitungen gummiert liefern.

»Die Welt ist gut?« sagt Murschetz, »was für eine Binsenlüge.«

Liebhaber des vorliegenden Werkes
werden gewiß auch die folgenden Werke
von Hans Traxler und Friedrich Karl Waechter
schätzen:

Luis Murschetz
im Diogenes Verlag

Draculas Ende
28 Zeichnungen
Mit einem Vorwort von Herbert Rosendorfer
14. Werk im »Club der Bibliomanen«, 1969

Der Maulwurf Grabowski
Ein Diogenes Kinderbuch, 1972

Die Ungeheuer von Loch Ness
29 Zeichnungen
Mit einem Vorwort von Herbert Rosendorfer
37. Werk im »Club der Bibliomanen«, 1973

Tschau! Tschüß! Servus!
Cartoons
Bibliothek der Lebenskünstler, 1975

Der Hamster Radel
Ein Diogenes Kinderbuch, 1975

Der dicke Karpfen Kilobald
Ein Diogenes Kinderbuch, 1978

Herbert Rosendorfer
im Diogenes Verlag

Über das Küssen der Erde
Erzählungen und Essays. detebe 20010

Der Ruinenbaumeister
Roman. detebe 20251

Skaumo
Erzählung. detebe 20252

Der stillgelegte Mensch
Erzählungen. detebe 20327

Deutsche Suite
Roman. detebe 20328

Großes Solo für Anton
Roman. detebe 20329

Die Kunst der Karikatur
Karikatur als Kunst
im Diogenes Verlag

Bosc
Alles, bloß das nicht
Love and Order

Wilhelm Busch
Schöne Studienausgabe
in 7 Bänden:
Max und Moritz / Die fromme Helene / Tobias
Knopp / Hans Huckebein / Fipps der Affe / Plisch
und Plum / Balduin Bählamm / Maler Klecksel
Das Wilhelm Busch Lesebuch

Chaval
Zum Lachen
Zum Heulen
Hochbegabter Mann, befähigt, durch die bloße Erd-
umdrehung einen Eindruck von Geschwindigkeit
zu empfinden

Honoré Daumier
Mesdames
Messieurs

Friedrich Dürrenmatt
Die Heimat im Plakat

Paul Flora
Als der Großvater auf die Großmutter schoß
Trauerflora

Edward Gorey
Die wahnsinnigen Werke des Edward Gorey
in 33 Bänden

Francisco Goya
Caprichos
Desastres de la Guerra

Grandville
Eine andere Welt

Loriot
Loriots Großer Ratgeber
Loriots Heile Welt
Loriots Wum und Wendelin

Luis Murschetz
Wir sitzen alle im gleichen Boot

Ronald Searle
Weil noch das Lämpchen glüht

Sempé
Alles wird komplizierter
Kleine Abweichung
Von den Höhen und Tiefen
Musiker
St-Tropez
Unsere schöne Welt
Konsumgesellschaft
Volltreffer
Um so schlimmer

Siné
Katzenjammer

Roland Topor
Tragödien
Toxicologie
Tagträume

Hans Traxler
Leute von Gestern

Tomi Ungerer
Babylon
Adam & Eva
politrics
Fornicon
The Party

Friedrich Karl Waechter
Wahrscheinlich guckt wieder kein Schwein
Es lebe die Freihei

Reiner Zimnik
Geschichten vom Lektro
Sebastian Gsangl

Diogenes Kunst Taschenbücher

Aubrey Beardsley
Aristophanes' Lysistrate
Ein Querschnitt durch das Gesamtwerk

Paul Cézanne
Briefe

Honoré Daumier
Mesdames
Messieurs

Friedrich Dürrenmatt
Die Heimat im Plakat

Paul Flora
Königsdramen
Der blasse Busenfreund

Françoise Gilot / Carlton Lake
Leben mit Picasso

Edward Gorey
*Eine Harfe ohne Saiten oder
Wie man Romane schreibt*
Balaclava
Der zweifelhafte Gast / Ein sicherer Beweis
Das Käferbuch / Der Schrekelhuck
Das Moritaten-Alphabet / Der Spuk-Fall
Das Geheimnis der Ottomane
Das unglückselige Kind
*Das Gräßliche Baby / Das fromme Kind Heini
Klump, von Frau Regera Dowdy*
Die Draisine von Untermattenwaag
Die Kleinen von Morksrohlingen
Der Westflügel
Der Insektengott
Erinnerung an einen Besuch
*Die seelenlose Tragödie / Die horriblen
Posamenterien*
Der Böse Garten
La Chauve-Souris Dorée
Der alphabetische Zoo / Der Kinderstuben-Fries
*Der traurige Zwölfpfünder oder
Die blaue Spieke*
Die andere Statue
Das epiplektische Fahrrad
*Die besessenen Vettern / Das Eisen-Tonikum oder
Ein Winternachmittag im Stille-Tal*
Die chinesischen Obelisken
Der klatschnasse Donnerstag
Der Ospickvogel / Das Buch ohne Titel
Die elfte Episode / Die respektlose Aufforderung
Das Vermächtnis der Miss D. Awdrey-Gore
*Die verkommene Socke / Blätter aus einem
verlegten Album*
Cat^{e}gor y / Kat^e_rgor y
*Die entschwundenen Löwen / Das lavendelfarbene
Trikot*
Das gnadenlose Nasenbluten
Die blaue Stunde
Die weiche Speiche
Das verabscheuungswürdige Paar

Francisco Goya
Caprichos
Desastres de la Guerra

Grandville
Eine andere Welt

Anna Keel
Porträtzeichnungen

Alfred Kubin
Ein Totentanz

Pablo Picasso
Der Zeichner I–III

José Guadalupe Posada
Ein Querschnitt durch das Gesamtwerk

Jean Renoir
Mein Vater Auguste Renoir

Ludwig Richter
Die Jahreszeiten

Auguste Rodin
Die Kunst

Maurice Sendak
Märchen der Brüder Grimm

Roland Topor
Tragödien
Toxicologie
Le grand macabre

Tomi Ungerer
politrics
Fornicon
The Party

Félix Vallotton
Ein Querschnitt durch das Gesamtwerk

Giorgio Vasari
Lebensbeschreibungen der ausgezeichnetsten Maler, Bildhauer und Architekten der Renaissance

Ambroise Vollard
Erinnerungen eines Kunsthändlers

In Vorbereitung:
Cézanne · Fellini · Hockney · Lindner Matisse · Sinowjew u.a.